Anke Voigt
Die leisen Töne sind es, die das Herz berühren

Die Autorin
Anke Voigt wurde 1959 im Ostseebad Kühlungsborn geboren, verbrachte ihre Schulzeit und die anschließende Ausbildungszeit zum Wirtschaftskaufmann in Altenburg, studierte dann an der Weimarer Musikhochschule Gesang, um schließlich 1983 ein Engagement beim Rundfunkchor Berlin anzunehmen, wo sie bis 2020 tätig war. Seit Neuestem lebt sie als Freiberuflerin, gibt Gesangs- und Instrumentalunterricht und widmet sich dem Schreiben.
Bisher erschienen: „Maria und Gabi", 2005; „Nathalie und ihre Freunde", Kinderbuch, 2006; Nächtliches Duo", Kurzgeschichten, 2007; „Warmer Regen", Kurzgeschichten, 2012, Edition Märkische LebensArt; „Der Alte muss weg", Band 1 der Buchreihe „Autentische Gerichtsfälle", 2018, Edition Märkische LebensArt
Anke Voigt ist Mitglied des FDA Brandenburg

Das Buch
Ihr erstes Gedicht schrieb Anke Voigt mit neun. Es handelte von der Vorfreude auf den Frühling. Seitdem sind Hunderte weiterer entstanden: manche modern, andere in klassischer Form, gereimte und ungereimte, Kalendersprüche und Limericks – die liebt sie besonders. Eines Tages beschloss sie, die vielen, zum Teil nur in handschriftlicher Form existierenden Gedichte zu sortieren und in einem Buch festzuhalten.

Anke Voigt

Die leisen Töne sind es, die das Herz berühren

Gedichte

© 2020
Herstellung und Verlag:
BoD – Books on Demand, Norderstedt
ISBN: 978-3-7526-8853-5

Flupp, machte das Gedicht
und sprang über meine Lippen.
Schnell lief ich ihm nach,
die Worte festzuhalten.

JAHRESZEITEN

Neujahr

Wieder ward ein Jahr geboren,
voll mit Vorsätzen bespickt,
alte sind zum Teil geglückt,
andere im Nichts verloren.

Zaghaft kurz noch sind die Tage,
Sonne will schon früh verblassen,
mag kaum den Horizont verlassen.
Ob ich den Spaziergang wage?

Reif ummäntelt kahle Bäume,
Wiese liegt von Frost bedeckt,
hält das junge Grün versteckt.
Vögel träumen Frühlingsträume.

Gedankenvoll die Blicke treiben.
Ein Jahr ist neu ins Land gezogen.
Werden die, die mir gewogen,
weiter meine Freunde bleiben?

Gedanken zum neuen Jahr

Neuer Morgen.
Neues Jahr.
Neue Liebe?
Noch mehr graues Haar.
Neue Sorgen?
Neue Träume?
Neue Pflichten.
Und überall verschneite Bäume.

Winter

Was die Natur an Leben hält bereit,
liegt schlafend unter weichem Schnee versteckt.
Die Eisesluft nicht scheuend
öffne ich das Fenster weit
und lass die Stille dieser Pracht in meine Räume.
Und wie ich so von neuem Leben träume,
mein Kater seinen Kopf gen Himmel reckt.

Neugier

Wann wird die Sonne durch die Wolken dringen?
Was liegt hinterm Horizont versteckt?
Was wird das Meer ans Ufer bringen?
Welches Strandgut hält der Schnee verdeckt?
Voller Neugier blicken wir aufs neue Jahr.
Spuren im Schnee als Doppelpaar.

Bilder aus Eis

Kleine Prismen brechen Licht zu Farben.
Bunte Splitter dringen hoffnungsvoll
in aufgewärmte Räume.
Fantasie gepaart mit Schönheit.
Frühlingsträume.

Geräusche im Nebel gefangen.
Reste von Schnee.
Noch schläft die Natur.
Ein einsamer Schwan nur
gleitet lautlos über den See,
gefüllt mit Schwanenweib-Verlangen.

Spuren

Splittrige Kälte
über Feldern und Wegen
tief verschneit.
Kaum erwacht
geht schon der Tag
der Nacht entgegen.
Zarte Spuren im Schnee.
Still,
fast ängstlich
hüpft durchs Weiß
der kleine Sänger,
nur von Zeit zu Zeit ein kläglich *tschip*.
Viel zu lang schon währt sein Schweigen.
Klirrende Schritte auf reifigem Eis,
Brennnesselwind,
Flockenreigen,
Eisluftflimmer,
friedlich gläserne Welt
von Schnee erhellt,
Sonnensehnsuchtsweh,
Hoffnungsschimmer.
Mählich werden Tage wieder länger.
Bald singst du wieder, kleiner Sänger.

Frühlingserwachen

Wonnige Gefühle schlüpfen aus,
hüpfen aus meinem Kopf,
formen sich zu Worten,
machen frei.

Ich atme die Wärme der erwachenden Erde.
Pflänzlein,
in ihrem Schoße geruht,
grüßen den Mai.
Tautropfen.
Herzklopfen.
Freude.

Wenn endlich das Grün aus den Knospen bricht,
beleuchtet vom wärmenden Sonnenlicht,
dann möchte ich lärmen
und lauthals schwärmen.
Doch manchmal bin ich zwar freudig gestimmt
und bleibe doch still,
weil ich nicht will,
dass jemand die Freude mir nimmt.

Kirschblütensonett

Als ich durch schläfrig graue Straßen ging,
sah ich die ersten Kirschenblütenzweige,
des Frühlings leuchtend duft'ge Fingerzeige,
daran so manch ein Tauestropfen hing.

Als schließlich auch mein wach geword'nes Ohr
vernahm vereinzelt scheues Bienensummen,
gemischt mit tapsig plumpem Hummelbrummen,
stellt' ich mir sonnenheiße Tage vor.

Wenn sich die Kirschenblüten neu entfalten,
erfüllt ein lieblich Kribbeln meinen Bauch.
Die Laune steigt bei Jungen wie bei Alten

und Lebenssaft strömt heiß in Baum und Strauch,
so lang in starrer Kälte festgehalten.
Die Gärten sind erfüllt von Frühlingshauch.

Mai

Es lockt der Frosch die Froschjungfrauen
    schon am Morgen,
mit aufgeblähten Backen sitzt er da und quakt.
Die Sonne wärmt das Wasser für den Liebesakt.
Um Nachwuchs braucht bei Fröschen
    keiner sich zu sorgen.

Aus welkem Eichenlaub reckt's
    Veilchen sich empor gen
Magnol- und Apfelblüten, rosa-weiß gelackt.
Der Buchfink singt sein Lied,
    mit Trillern vollgepackt,
die Amsel konkurriert, im Fliederstrauch verborgen.

Verzückt lausch ich der heit'ren
    Hochzeits-Vogelweise.
Respektvoll, zaghaft ich mich mitzupfeifen wag.
Als Antwortsang ertönt das *zizibi* der Meise.

Wie wunderbar ist doch im Mai fast jeder Tag!
Nur eine alte kleine Sehnsucht streift mich leise:
Ach wär ein Mensch da, nur für mich,
    der sehr mich mag.

Mit allen Sinnen

Stellt eure Sinne auf Empfang,
lauscht dem zwitschernden Gesang
der kleinen Lerchen und Meisen,
hört die kraftvollen Weisen
der Amsel,
die den ganzen Sommertag
nicht schweigen mag.

Stellt eure Sinne auf Empfang,
folgt dem säuselnden Klang
der zärtlich streichelnden Lüfte,
riecht die wärmenden Düfte
des Sommers,
der nach wildem Leben schmeckt
und Sehnsucht weckt.

Im Frühjahr

Das Frühjahr brachte Sonne und viel Regen.
Knietief im Wasser steht der Baum.
Das Schilf gedeiht des vielen Wassers wegen.
Die Mücken haben guten Lebensraum.
Und mich begeistert jedes frische Blatt.
Die kalten Tage hatte ich so satt.
Der Froschherr quakt und träumt den Liebestraum.

Juni

Bald hat die Nacht den Kleinstrekord erreicht.
Tags sucht man schon der Bäume Schattenkühle.
Der Frühling mählich still dem Sommer weicht
und Urlaubssehnsucht sich in Träume schleicht.
Voll Reiselust lauf ich am Feld entlang
und höre, wie des Buchfinks froher Sang
durchdringt die blütenduftbeschwerte Schwüle.

Sommerzeit

Treiben lassen
mit den Fischen
den Möwen lauschen
Urlaub
Erholung
frei sein
schwerelos
Sommerzeit.

Juli

Selig saugt die Sonne Schweiß durch deine Poren.
Träge, voller Hitzeflüche
flüchtest in die kühle Küche,
dich des Schwitzens zu erwehren,
aber deine letzten Beeren
für Gelee und Marmelade sind vergoren.

Doch grad am Sommertag
streift Lebenslust die Sinne.
Der Trägheit trotz ich, denkst du stur
und machst dich auf zur Fahrradtour.
In voller Kraft, blond golden steht das Korn.
Da hörst du's rufen: „Mädel, schau nach vorn!"
Zu spät. Dein Rad versackt in tiefer Staubsandrinne.

Erschöpft, verschwitzt kehrst abends du zurück
mit trockner Kehle
und trinkst auf schattiger Terrasse
ein kühles Bier aus deiner Tasse,
siehst Sterne und den Mond aufgeh'n
und denkst: Wie ist der Sommer schön!
Und milder Abendwind
umstreichelt zärtlich deine Seele.

Im See

Eintauchen in wohlige Gefühle
milde Kühle in Sommers Hitze
Entspannung
Ruhe
Harmonie.

Eintauchen ohne unterzutauchen
Alleinsein ohne Einsamkeit
Gedanken fließen lassen
Träume
Sehnsucht
Fantasie
Natur genießen
Zufriedenheit.

Im Bach

Ein Bad im kühlenden Wasser des Bachs
von Schatten spendenden Erlen beschirmt
(mitunter leider von Mücken umstürmt),
lässt uns an heißen Sommertagen
selbst stärkste Hitze gut ertragen.

Bauer und Korn

Der Bauer geht.
Im Aug' ein Dorn
ist ihm sein Korn,
das kärglich steht,
um Regen fleht.

Doch's Gras am Born
ist längst gemäht,
denkt ohne Zorn
der Bauer.

Nun ist's zu spät,
bald wird gesät,
ich schau nach vorn,
hat sich geschwor'n,
von Wind umweht,
der Bauer.

Bunte Blätter

Mit Harken gefangen
zu Bergen gehäuft
von Kinderfüßen raschelnd zerstreut
erneut vom Wind herumgewirbelt
wieder mit Harken gefangen
bevor sie in Säcke gelangen.

September

Der Sommer neigt dem Ende sich entgegen.
Endlich, warm, in Schüben kommt der Regen,
der uns wochenlang so fehlte.
Zwischen dicken Schaf-Urmütterwolken
sieht man kaum noch Blau.

Ein letztes Mal trägt die Natur
ihr sattes Grün zur Schau,
bevor der Wind,
des Herbstes liebstes Kind,
die Blätter, gelb-orange betupft,
verspielt von Baumes Zweigen zupft.

Noch einmal zeigt die Sonne ihre Kraft.
Tomaten, Kürbisse und Äpfel füllen sich mit Saft,
die Aster wächst ein letztes Stück,
die Sonnenblume senkt den Blick,
und ich spür nachts im Bett die erste Kälte.

Zufriedenheit

Die Ernte eingebracht,
genug wird's für uns alle sein.
Am Himmel ziehen erste Vogelschwärme,
Septemberluft und milde Wärme
im goldnen Abendsonnenschein.
Zufriedenheit kehrt ein.

Vor der Fensterscheibe

Vor der grauen Fensterscheibe,
die der Regen trüb gemacht
und vor der ich stehen bleibe,
weil dort blüht in voller Pracht
ein Geranienblumentöpfchen,
das das Treppenhaus verschönt
und mich mit den Wassertröpfchen
auf dem trüben Glas versöhnt,
denk ich an die Sommertage,
die nun sind Vergangenheit.
Doch der Herbst hält, ohne Frage,
auch viel Schönes uns bereit.

Gold, Silber, Bronze

Birken goldpatina-bestaubt
Ahorn bronzefarben belaubt
ich dazwischen mit Silberhaupt.

Herbst

Laub fällt
Blatt für Blatt
braun geworden
wie meine Hoffnung sank
Stück für Stück
stumpf gewordene Träume.
Kahle Bäume
bleiben zurück.

Stark sind sie
sammeln neue Energie
für neues Leben
schon bald
sprießt junges Grün
ein Wald
voll Hoffnung.

Zugvogelzeit

Häng deine Nase in den Wind,
der sanft durch Felder und Gärten geht.
Heiße Sommertage sind Vergangenheit.
Tief am Nachmittagshimmel steht die Sonne,
die voll Wonne
letzte Wärme dir in den Rücken haucht,
Natur in orange und lila taucht.
Tief atme ein des Herbstes Luft.
Ein Kranich ruft.
Zugvogelzeit.

Herbstzeitfreude

Durch raschelnde Blätterhaufen laufen
Kastanienschalen zum Springen bringen
verschiedenste essbare Pilzsorten orten
vergnügt über lustige Drachen lachen
das Herz an Zugvogelschwärmen erwärmen
Herbstzeitfreude.

Oktober

Gold
Orange
Karmin
Zinnober
Farbvielfalt Oktober
Blattwerk prächtig wie nie.
Glutrote Frühherbstsonne scheint
eisige Winde
sonnige Wärme.
Wispernd flüsternde Laubmelodie
von Böen Lüften über mir
und meinen Schritten unter mir
zum Duett vereint
unterm schnatternden Lachen der Wildgansschwärme
anschwellend zur Herbstzeitsinfonie.

November

Stürme peitschten tagelang
den Staub des Sommers von den Ästen.
Neblig grau, erschöpft vom Kampf,
liegt die Natur, zum Schlaf bereit.

Bäume, regenrein gewaschen,
ruhen aus nach wüstem Toben.
Tage werden täglich kürzer.
Zeit zum Träumen macht sich breit.

Schmutzig trübe Pfützenflecken
zieren schlammig weichen Boden.
Erde kann das Nass nicht fassen.
Wiesen liegen überschwemmt.

Kahl sind Büsche, Baumeskronen.
Braunes, glibbrig faules Laub
liegt bereit, das Land zu düngen,
nur vom Frost darin gehemmt.

Nebel

Die Welt in Nebel getaucht
verschwommene Konturen
gedämpft das Licht
und die Geräusche meiner Schritte
gespenstige Figuren
kahle Bäume von Frost behaucht.

Danach

Geräuschvoll schüttelt die Natur
die morschen Glieder.
Dröhnend zieht der Sturm in andere Gefilde.
Wolkenfetzen einen sich zu neuen Fantasiegebilden.
Wellen, tosend eben noch, besänftigen sich wieder.
Letzte Tränen tropfen von den Zweigen.
Auf des Sturmes Orgelbrausen folgt das Schweigen
und in Rosenschimmer zeigt sich dir die Sonne.

Im Winter

Die Welt wird stiller im Winter,
die Schritte langsamer im Schnee.
Des Himmels Bläue hat nur eine kurze Spanne.

In sich gehen.
Lauschen.
Zur Ruhe kommen.
Die Welt wird stiller im Winter.

Das Versäumnis

Als Frau Holle versäumte
die Betten zu schütteln,
wollte kein Winter werden
auf Erden.
Die Natur wurde grau,
nur der Himmel blieb blau
und Frau Holle stand lächelnd am Himmel
und träumte.
Die Schlitten blieben im Schuppen stehen,
kein Schneemann zierte den Garten
und die Menschen standen am Boden
und starrten.
Sie hatten Ozonlach- und Raubbau-Ideen.
„Erderwärmung", sagte ein Mann.
Sie begannen entsetzt ihre Häupter zu rütteln
und sie flüsterten
und raunten.
Nur die Kinder hoben die Köpfe
und staunten
die einsame weiße Wolke an.

Dunkelheit

Der Tag hat den Kürze-Rekord erreicht
und Eiseskälte die Menschen umschleicht.
Doch bevor wir die Dunkelheit verfluchen,
sollten wir nach Lichtern suchen.
Kerzenschein.
Behaglichkeit.
Schneeweißes Winterkleid.
Zufriedenheit.

Dezember

Frostige Kälte,
Dunkelheit,
Gärten liegen vom Leben verlassen,
Zugvögel sind in den Süden geflogen,
Menschen haben sich in ihre Häuser verzogen.
Laubbaumgerippe,
kahle Lärchen.

Ich laufe vermummelt durch düstere Straßen
und schau in erleuchtete Fenster hinein,
versuche Gemütlichkeit zu erhaschen,
ahne Glühwein,
ahne Pfefferkuchen,
Kerzen,
Familie,
fühl kaum, wie verfrorene Fußspitzen schmerzen.
Vielleicht liest sogar eine Großmutter Märchen.

Warme Stube

Im Wald kommt die Natur zur Ruh.
Nur ein paar Tannenzweige
grünen noch am Waldessaum.
Ich bleib zu Hause,
schmück mit Kerzen meinen Raum
und schau dem trüben Wetter
aus der warmen Stube zu.

Wandlung

Hat der Winter aufgehört
Winter zu sein?
Als ich Kind war,
zog Mutter den kleinen Bruder
auf dem Schlitten
durch hohen Schnee,
Vater nebenher,
denn Männer machen sowas nicht.
Er baute dafür den Schneemann für uns
oder doch eher für sich?
Groß wie er selbst
mit sorgsam geschnitztem Teufelskopf
ohne Möhrennase,
die gab's nicht am Feld
wo wir waren.
Ich hauchte verfrorene Finger an
leicht gelangweilt
vom Zuschauen
und Nichtstun.

Bei wärmender Dezembersonne
mit aufgeknöpften Jacken
durch verrottendes Laub laufend
den Pfützen ausweichend
viele Jahre später
erzähle ich meinen Enkeln davon.

Die leisen Töne sind es, die das Herz berühren.

Zu viele Reize stürzen auf uns ein,
„Jingle Bells"-Klänge,
„White Christmas"-Gesänge,
süßliche Schlager vom Jesuskindlein
bohren sich ungefragt in unsere Ohren,
quietschende Bremsen, überfüllte Straßen,
Autofahrer, kaufrauschgestresst,
lärmende Vorbereitung aufs Besinnungsfest.
Alles will zum Nochmehreinkauf verführen,
doch die leisen Töne sind es, die das Herz berühren.

Ich lasse den Wahnsinn hinter mir,
laufe der Einsamkeit entgegen
durch leise knirschende Pulverschneezier,
vergesse Geschenke, Braten, Baum,
höre die eigenen Schritte kaum.
Wirbelndes Sternchenflockentreiben,
verschluckter Autolärm,
schneegedämpftes Hundegebell, irgendwo,
hinter des einsamen Hauses Türen,
Kinderstimmen, friedlich, froh,
leise Gitarrenklänge,
Weihnachtsgesänge,
weit in der Ferne Kirchenglocken,
Ich stimme ein in die Weihnachtsweise,
ganz leise, fast nur in Gedanken,
zaghaftes Knacken im Unterholz.
Ich kann meine Sinne wieder spüren.
Die leisen Töne sind es, die das Herz berühren.

NATUR

Scilla

Dir, kleine Scilla, möchte ich meine Worte widmen,
denn welcher Dichter nimmt sich heut noch Zeit
dich zu besingen?

Tagtäglich wir um Anerkennung ringen,
starr ausgerichtet auf Karriere und Gewinn.
Gefüllt mit Sehnsucht, Süchten, Einsamkeit
rennt hektisch unser Leben uns dahin.

Doch die Natur hat andre Rhythmen.
Gemächlich wächst du jeden Tag ein Stück,
zeigst jeden Tag ein wenig mehr von deiner Pracht,
und jede Nacht
schließt du dein Blütenhaupt,
vor Kälte es zu schützen.

Du bist so zart,
dass kaum der Wind dich greifen kann;
das Kräftigste an deiner Art,
das ist dein schönes Blau.
Wenn, kleine Scilla, ich auf deine Blüte schau,
dann streichelt Ruhe meine müde Seele,
dann möcht ich ewig hier so vor dir sitzen,
dann fühl ich wahrhaft so etwas wie Glück.

Tulpe im April

Die Tulpen sind zäh.
Sie trotzen dem Schnee,
der gelegentlich,
zwischen sonnig warmen Tagen,
sich weiß auf sie legt.
Sie trotzen dem Regen,
der sie ertränken will
und dem Hagel,
der sie erbarmungslos schlägt.
Staunend lauschen sie der Amsel,
die zwischen Wärme und Kühle
die Sonne betrachtend
ihr Lied zu ihnen trägt.

Vielfalt der Gefühle,
auch mir nicht fremd.
Eintönigkeit verachtend
lieb ich das Leben
mit all seiner Schönheit
und all seiner Unbill.
Ich bin wie die Tulpe im April.

Natternkopf

Ecchium vulgare, für den Norden typisch,
denn du gedeihst sogar auf Sand,
wirst „Stolzer Heinrich" oft genannt,
du seltsame Pflanze bist transvestitisch.

Zuerst sind sie männlich, deine Kronblattgesichter,
nur farblich sind sie ganz unmännlich zart.
Hell rosarot leuchten die blühenden Trichter,
doch Blätter und Stängel sind borstig behaart.

Viel später erst werden sie weiblich, die Blüten.
Nun sehen sie blau und viel kräftiger aus.
Am Wegesrand lachen die leuchtenden Tüten
und keck schauen Natternzungen heraus.

Ecchium vulgare, du seltsames Pflänzlein,
dem Borretsch bist du nah verwandt,
manch einer nennt dich „Himmelsbrand",
ein weiterer Name ist „Starres Hänslein".

Marzipanblume

Kleine rosaweiße Winde,
rankst tapfer an Zäunen dich empor,
schaust lachend
zwischen Erdbeerpflanzen hervor,
willst liebevoll des Baumes Rinde,
Salat, Gemüse, Strauch umschlingen.

Kleine rosaweiße Winde,
bist so manchem Gärtner ein Fluch,
denn jeglicher Vernichtungsversuch
kann nur misslingen
und endet jäh,
denn deine Wurzeln sind tief und zäh.

Kleine Winde, rosa-weiße,
unausrottbar, voller Zweige,
wenn ich mich dir entgegen neige,
deine zarte Blüte dem Stiel entreiße,
mit dieser die saugende Nase bedecke,
damit ich es besser genießen kann,
entströmt dem zarten Blumentrichter
lieblichster Duft von Marzipan.
Dann erwacht in mir der Dichter,
dann kann ich nicht anders,
dann singe ich dich an.

Vorsicht

Zertretet mir die kleinen zarten Pflänzchen nicht.
Sie sind doch eben erst geboren.
Noch sieht man kaum,
    was einst aus ihnen werden soll.

Naiv und freudig streben sie zum Sonnenlicht.
Vor kurzem wär'n sie beinah noch erfroren,
doch jetzt erstarken sie und wachsen Zoll um Zoll.

Und eines Tages steht ihr Blätterwerk sehr dicht
und hat die frühe Zartheit ganz verloren.
Dann bieten sie uns Schutz
    und sind mit Früchten voll.

Kuckuck

Seit Stunden schreit der Kuckuck schon,
mal nah, mal fern,
im Fliegen gar von Baum zu Baum,
sucht Liebesspiel.
Wird er es finden
hier am Waldessaum?

Seit Stunden schreit der Kuckuck schon.
Heut frag ich nicht: „Wie lange leb ich noch?"
Das wär zu viel des Guten doch.

Frosch-Rondeau

Der Froschherr quakt
vor Sehnsucht bleich,
facettenreich
und unverzagt,
bis dass es tagt.

Als sich zum Teich
die Fröschin wagt,
erblickt sie gleich
der Froschherr.

Dem Weib behagt,
dass er es jagt.
Bald ist der Teich
gefüllt mit Laich.
Nun nicht mehr klagt
der Froschherr.

Die Schnecke

Die Schnecke, langsam und fast blind,
mit Fühlern, die sensibel sind,
geschützt nur durch die harte Schale,
zieht hinter sich die Schleimspur her,
was anders, wenn's Gehäuse leer.

Nach dem Regen

Nach dem Regen
ist alles anders,
die Farben kräftiger,
Gerüche intensiver,
selbst die Stille klingt anders.

Nach dem Regen
ist die Luft schwer,
der Wind träge,
der Gesang der Vögel fröhlicher
nach dem Regen.

Barfuß

Barfuß durchs feuchte Gras
warm und weich,
endlich war da Regen.
Amselsang
Meisen
ein Grünfink
Hummelbrummen
Bienensummen
blauer Himmel über mir
leiser Wind lässt Espen flüstern.
Ich denke an dich
und mich.

Voll Rührung

Wogende Wellen,
schaumig gerührt von starken Kräften der Natur,
unendliches Meeresrauschen,
Wolken verrührt zu blaugrauen Wattebauschen.
Aufruhr.
Majestätisch liegt der Baum in seiner Endlichkeit,
mit seinen Zweigen zart das Meer berührend,
zu Rührungs-Tränen verführend.
Angerührt betrachte ich dies Stückchen Schönheit pur.

Glühwürmchenhochzeit

Geigende Grillen
tänzelnde Käfer
Nachtnebelreigen über dem Teich
sumselnde Mücken
schlaftrunk'ne Libellen
Fledermauskinder im Elfenreich
taumelnde Nachtfalter nektarberauscht
frotzelnde Frösche die Blasen gebauscht
zart schaukelnde Halme im Abendwind.
Glühwürmchenhochzeit beginnt.

Abend

Der Tag hat seinen größten Teil vollendet,
der letzte Glanz der Abendsonne blendet,
friedvolle Träume streicheln unsre Seelen
und immer leiser wird der Sang aus Vogels Kehlen.
Ein wenig Fernweh schwebt im Wind, der weht.
Bald liegt das Meer erschöpft im Dunkeln,
doch wenn die Sonne auch untergeht,
sind immer noch die Sterne da, die funkeln.

BÄUME

Winterbäume

Noch seid ihr kahl,
entkleidet von des Winters eis'ger Hand
und doch in schönster Formvielfalt
die reinste Augenweide.
Auch wenn so unbelaubt
ich schwerlich euch nur unterscheide,
so weiß ich:
wenn der Frühling schmückend zieht ins Land,
kann ich am Blattwerk sicher euch erkennen
und Buche, Ahorn, Erle, Eiche nennen.

Tannentanz

Tannen tanzen Schleiertanz,
schwingen sich mit Eleganz
in leisem Winter-Eiseswind,
der sie graziös zu Boden biegt.

Alsbald, wenn erste Drosseln zieh'n,
weicht weißer Schleier frischem Grün
und alles kommt ans Licht,
was unter Schnee verborgen liegt.

Espen-Madrigal

Durch unsichtbare Nüstern
bringt stetig dich zum Flüstern
des Sommers sanfter Wind.
Was will dein Raunen sagen?
Zu gerne würd' ich fragen
dein zartgestieltes Laub?
Könnt unter Espenbäumen
den ganzen Tag verträumen.

Die einsame Pappel

Tapfer trotzt die Pappel den Winden.
Lässig, wie zum Zeitvertreib
schwingt sie im Sturmestanz
den eleganten Leib.
Staub umwirbelt sie
mit peitschenden Küssen.
Regen nässt ihre Wurzelfüße.
Sie steht stoisch wie ein Held
auf dem bäumelosen Feld.

Baum im Sturm

Alter Baum auf weitem Feld,
bist stürmischen Winden ausgesetzt,
entlaubt dein Haupt,
verwaiste Vogelnester zerfetzt,
einzig der Efeu sich an dir hält
und so allein.
Doch glaube mir:
Auf Sturm folgt meistens Sonnenschein.

Trauerweide

In der Jugend beschnitten
wieder und wieder
ausgenutzt
zum Krüppel gemacht
im Alter dem Schicksal überlassen
nutzlos geworden
im Wildwuchs zerborsten.

Und trotzdem schön
stark
voller Leben
und fest verankert
im Boden.

Gespensterwald

Hohe knorrige Stämme
durch stetige Meeresbrise geformt
dicht bei dicht
weißgrau flirrendes Nebellicht
über dickichtlosen Boden schleicht
das flüsternde Spukgeäst nicht erreicht.
Dämmerung
Meeresrauschen gedämpft aus der Tiefe
raschelnde Gruselgespenstergewänder
knarrende kratzende Geisterhände
Dämonengestöhn
geheimnisvoll
bizarr und wunderschön.

Baumes Ende

Als was ein alter Baum einst endet,
entscheidet der Mensch, der das Holz verwendet.
Wird ein Möbelstück daraus
oder Balken für ein Fachwerkhaus?
Werden Geländer mit ihm erneuert?
Wird er zerhackt und im Ofen verfeuert?
Wird er zu Holzspielzeug umgeformt,
zu Autos und Klötzern, lackiert und genormt?
Oder wird er einfach nur
einst sterben, vermodern. Natur zu Natur?

HIDDENSEE

Die Inselkirche

Kleines schiefes Kirchlein,
als man dich baute,
gab es den Goldenen Schnitt noch nicht,
gab es noch keine
genormten Steine,
gab es nur Kerzenlicht.

Kleines schiefes Kirchlein,
hast viel gesehen,
sahst zahlreiche Pfarrer kommen und gehen;
einer blieb sogar
fünfundvierzig Jahr.
Hast Stürmen getrotzt,
warst schließlich verfallen,
feucht,
kalt,
voller Risse dein Gemäuer.
Renovierung war teuer.
Menschen lebten in Not.

Kleines schiefes Kirchlein,
hast viel erlebt.
Heute sind deine Wände weißer als Sand,
deinen tiefblauen Himmel
ziert Rosengewimmel
und über uns allen der Taufengel schwebt.

Magerrasen auf Bessin

Dürres Gras,
kurz,
gelblich blass,
Sträucher, Kräuter,
niedrig bloß,
artenvielfältig und bunt,
trotz Trockenheit gesund,
Wegerich, kleinfingernagelgroß,
Hornklee, importiert aus Liliput,
Skabiosen-Samenkapseln linsenklein,
dungkügelchenverzierte Wiese,
schwarz glänzende Perlen im Sonnenschein
von Lämmchen und Hammel,
Salzwasserluft,
aus weiter Ferne Meerfischduft,
Geruch von Muschel-Gammel
und faulem Tang,
leiser Lerchengesang,
Möwengezeter,
Schwalben,
Spötter,
sonst Ruhe
und nur
Natur.

Süderleuchtturm auf Gellen

Kleiner Leuchtturm am Süderstrand,
still ruht dein Fuß auf weißem Sand,
du kleiner Bruder von dem,
der auf Dornbuschs Höhen
alles überragt.

Bescheiden leuchtest du
und unverzagt,
winzig,
fünfmannshoch nur
und bist doch trotzdem weit zu sehen.

Du leuchtest tapfer über Meeres Wellen,
du letztes Wanderziel auf Südens Gellen.
Kleiner Leuchtturm am Süderstrand,
nach dir kommt nur noch Vogelland.

Wegwarte

Wegwarte, himmelblau, blüht beiderseits am Wege,
im Winde tanzend, sacht, ein wenig träge.
Vorfreudevoll, mild lächelnd vor Entzücken,
bück ich mich, einen dicken Strauß zu pflücken.
Ich zieh und reiß –
und spür den Schmerz wie von der Säge.

Ich hab verstanden, zähstänglige Blumenschar,
du willst noch lange leben hier am Wege wunderbar.

Nur eine Blüte zupf ich aus der blauen Blumenherde,
um sie zu pressen in dem dicken Buch,
Erinnerung an meinen Hiddensee-Besuch,
die eines Tages unvermutet ich entdecken werde.
Dem Rest der Pflanzen lass ich unbeschadet ihre Erde.

Sonnenuntergang auf Hiddensee

Träge liegen unsre Schatten neben uns,
Abendsonnenwärme umarmt mich,
blutrote See,
selten gewordene Worte fallen mir ein:
wonnevoll
Geborgenheit
Bleib mir gewogen
Sehnsucht ...

Nun taucht sie ihr Kinn in die spiegelige Nässe.
Wie einst als Kind erwarte ich ein Zischen
und wieder bleibt es aus.
Lichtblind wende ich mich ab.
Zuviel Schönheit tut weh.

LIEBE

Als ich dich fand

Als ich dich fand
tanzte mein Herz Galopp
sich steigernd zum vivace
im staccato
das tat weh
zuerst.

Als ich dich fand
sprangen alle meine Sinne auf Empfang
in jeder Pore
spürte ich wärmende Sonne
alles um mich ward Musik.

Weil ich dich fand
bekam mein Leben Sinn.

Ich hab dich verloren
mit dir meine Worte
für eine kleine Zeit
die kamen zurück
du nicht
nur ferne Erinnerung
lässt mein Herz kleine Sprünge tun.

Als ich dich traf

Als ich dich traf
wusste ich nichts von dir
war neugierig auf dich
weil deine Worte mir gefielen
von denen wollte ich mehr.

Je öfter ich dich traf
desto mehr gefiel mir an dir
ich wollte mehr
viel mehr.

Wie schön
dass ich dich traf

Du und ich

Zweisamkeit
zur Maienzeit.
Zwei Körper,
die sich sanft berühren,
zwei Seelen,
die Verwandtschaft spüren,
gemeinsam lachen,
Traumgespinste weben.
Verbundenheit
und trotzdem Eigenleben.

Wolke sieben rosarot

Ich schwebe auf Wolke sieben.
Die ganze Welt scheint zu lieben.
Mein Magen tanzt Tango,
schlägt Purzelbäume,
mein Herz stolpert ziellos im Brustkorb umher,
mein Hirn kann nicht denken.
Ich spinne,
ich träume,
weil ich mich so fürchterlich nach ihm verzehr.

Der Liebste ertränkt mich in seinen Küssen,
der Erdboden wankt unter meinen Füßen,
mir schwinden die Sinne,
die Ohnmacht droht,
die ganze Welt leuchtet rosarot.
Ich schwimme im Meer der Liebe.
Ich schwebe auf Wolke sieben.

Versuch

Weil ich dich liebe
lasse ich los
frei sollst du sein
glücklich wie ich
wenn ich an all das denke
das du mir schenktest.

Spiel der Liebe

Zärtlich und wild
verdorben und rein
hastig und inniglich
gierig und wahnsinnig
leidenschaftlich und fein
hungrig und mild.
Spiel der Liebe.
Schweben
versinken
ertrinken
leben.
Liebe.

Kassiopi

Auf Felsen sitzen
von warmer Luft in Wohligkeit gehüllt
dem Meer lauschen
wie Wellen sanft das Ufer streicheln
begleitet von Zikaden-Sirren
mich dir ganz nahe fühlen
den Tag genießen
Glück spüren.

Dassia

Nachts am Strand
ganz nahe beieinander sein
Wellenschläge schläfern ein
übertönen Musik
die zu uns dringen will.
Lichter am Ufer in weiter Ferne
über uns Sterne
endlich alles still.
Woran denkst du?
Was träumst du?
Wie lassen die Stunden verstreichen
nachts am Strand.

Mehr

Mein Leben lebte ohne mich
bis ich dich traf.
Nun fühl ich, was ich nie gespürt.
Ach hättest du mich nie berührt.
Ich sehne mich nach mehr
und mehr
und immer mehr.
Ich liebe dich so sehr.

Lieber so

Lieber unglücklich lieben
als nie geliebt zu haben.
Lieber die Schmerzen der Sehnsucht spüren
als sich nie nach einem geliebten Menschen
gesehnt zu haben.
Lieber die Angst dich zu verlieren
als dir nie begegnet zu sein.

Wünsche

Ich wünsche dir
Geborgenheit
und Liebesglück
und Zärtlichkeit
und jederzeit
Zufriedenheit.

Und von allem wünsch ich mir
ein kleines Stück für mich zurück.
Ich wünsche mir dich.
Bitte wünsche dir mich.

Winterstrand

Zwei allein am Winterstrand.
Vergeblich such ich deine Hand.
Kälte tut weh.
Möwenspuren im Schnee,
über uns ihr Geschrei.
Ist die Liebe vorbei?

Gib mir noch einmal deine Hand
wie damals am Sommerstrand,
als wir uns so oft berührten,
als wir so viel Wärme spürten.

Am See

Als ich am See saß,
dessen Wasser sanft sich kräuselte,
als ich den Schwänen zusah und den Schwalben,
als neben mir die Frau ihr Bier trank
mit der Hand, die nicht das Buch hielt, das sie las
und die vielleicht genauso einsam war wie ich,
als ich den Vögeln lauschte,
die den Sommer priesen,
als mich die Abendsonne wärmen sollte
und ich doch fror,
als ich das Pärchen sah,
das zart sich küsste,
als ich so schmerzvoll deine Hand vermisste,
als ich mich gern an deine Schulter lehnen wollte,
damit die Traurigkeit vergeht,
weil sie geteilt doch halb so schlimm sein soll,
als ich dich anrief
und du nicht gefragt hast, ob ich komme,
fuhr ich nach Hause
und trank meinen Wein
allein.

Vergissmeinnicht

Ich fand
am Wegesrand
ein einsames Vergissmeinnicht.
Heimlich, mit Trauer im Gesicht,
steckte ich's in dein Gepäck.
Dann fuhrst du weg.
Bist sicher inzwischen angekommen,
liebevoll in Empfang genommen.
Wirst die Blume nicht finden.
Sie wird verschwinden,
entsorgt auf gründliche Art und Weise
zusammen mit dem restlichen Müll deiner Reise,
getrennt nach Recycle-, Kompost-
und Erinnerungsmüll.
Es war sehr still,
als dein Auto abgefahren war.
Mir war klar:
Du wirst, von Beruf und Familie gefressen,
mich in Kürze vergessen.
Zurück
bleibt ein ungenauer Hauch von Glück,
schnell unterbunden,
als störend empfunden,
weit entfernt von der Realität.
Es ist spät,
bin müde, will schlafen geh'n.
Mit dir war es schön.
Ich werd' jetzt ein wenig die Augen schließen
und die Erinnerung genießen.

Allein

Ich laufe durch die fremde Stadt
im fremden Land
auf fremdem Kontinent,
lausche dem Lied
in fremder Sprache
und erkenne doch,
dass es von Liebe singt.
Ich sehne mich nach dir
und stehe in der fremden Stadt
im fremden Land
auf fremdem Kontinent
allein.

In der Ferne

Insel
Wärme
Tropenvogelsang
Laufen am Meer entlang
Sehnsucht nach dir
Kälte in deiner Ferne.
Ich hätte dich so gerne
hier
bei mir.

Am Flughafen

Ich kam dich abzuholen,
sah dich am Kofferband stehn,
nur durch Spiegelglas getrennt,
du konntest mich nicht sehn.
Ich stand wie auf Kohlen
und mein Herz tanzte und lachte
im Gefühlsübermaß
und ich dachte,
dass ich nie je solche Freude besaß
(vielleicht als sehr kleines Wesen auf Omis Schoß,
wenn ich, für einen kurzen Moment bloß,
Geborgenheit erahnte).
Du kamst durch die Tür,
müde vom Flug standst du vor mir
und ich war voll unerlaubter Liebe,
stammelte tapfer „Hallo,
wie war die Reise denn so?"
und irgendwie gelang mir sogar ein Scherz,
denn du solltest von meinen Gefühlen nichts wissen.
(Hast du jemals von ihnen gewusst?)
Und ich sah in dein liebes Gesicht,
lag plötzlich in deinen Armen,
minutenlang,
drückte dich fest und wollte es nicht
und ich klebte an deiner Brust,
und ich schwebte
und vor mir verschwamm das Spiegelglas
und mir war übel vom Übermaß an Liebe.
Noch als ich wenig später mit dir im Auto saß,
zuckte im Magen verzweifelt mein Herz.

Der zerbrochene Spiegel

Ich schaute in den Spiegel,
erschrak sehr,
erkannte mich nicht mehr,
in tausend Scherben zersplittertes Ich,
schlechtes Mosaik eines schlechten Meisters.
Du hörtest meinen Schrei,
eiltest herbei,
legtest deinen Arm um mich,
hast zärtliche Worte ins Ohr mir gesprochen.
Da erkannte ich:
Nicht ich, nur der Spiegel war zerbrochen.

Die Schöne und das Biest

Die Rose war schuld,
die der Vater stahl.
Mit Tod hat das Scheusal gedroht.
Aus Ekel und Abscheu
ward Mitleid und Treue,
denn seine Beharrlichkeit, seine Geduld
ließ Güte und innere Schönheit sie seh'n.
Sie wurde sein Eigen.
Sie tanzten den Reigen.
Nur wahrhafte Liebe macht Hässliches schön.

Die arme Störchin

Einsam steht auf einem Bein
Frau Störchin im Abendsonnenschein
vor Trauer trunken, vor Sehnsucht benommen.
Herr Storch ist ihr abhandengekommen.
Die Situation ist verwirrend und neu,
denn Störche sind sich ein Leben lang treu.
Von wem soll sie nun ihre Kinder bekommen?

LEBEN

Drei Weiden

Drei Weiden stehen an Baches Rand
so ganz in des Dorfes Nähe.
Manch junges Paar ihren Schatten fand,
hier träumte von Liebe und Ehe.

Stolz recken die Weiden den Grünschopf empor.
Von Jahr zu Jahr werden sie breiter.
Was gerade noch kahl, brachte Triebe hervor.
Die Liebe vergeht, doch das Leben geht weiter.

Aufforderung

Komm, lass dich kennen lernen,
zeig dein Gesicht,
tanze mit mir in den Frühling hinein.
Möchte mich dir zeigen,
verbirg dich doch nicht.
Keiner ist gerne allein.

Willst nicht gesehen werden?
Zier dich doch nicht.
Gib deinen Zweifeln nicht zu viel Gewicht.
Spürst du das Leben?
Was zögerst du noch?
Vernünftig sein können wir später noch.

Leben

Reisen durch die Zeit
auf steter Suche nach Geborgenheit,
hin und wieder ein Stück zurücklassend,
damit man sich erinnert,
wenn wir längst Vergangenheit.

Nacht

Käuzchen schreit
oitz oitz
Flügelschlagen
Nacht
Party vorbei
kalter Rauch
schales Bier
mondbesichelter Sternenhimmel.
Ich sitze hier
du auch
übriggeblieben zwei
die sich nichts mehr zu sagen haben
Stille
laue Sommernacht ohne Reiz
Müdigkeit.

Ein Moment

Zeit
rennt vorbei,
stürmt über mich hinweg,
durch mich hindurch,
hinterlässt Spuren auf Haut und Haar,
meißelt Furchen ins Gesicht,
Stunde um Stunde,
Jahr für Jahr.
Ich spreize die Finger und fühle
sie hart durch meine Hände gleiten.

Zeit
rast vor mir her;
ich eile ihr nach, sie zu fangen,
erwische sie nicht.

Nur für einen kleinen Moment bleibt sie stehen,
als du mir im Vorübergehen
mitten im hektischen Menschengewühl
ein Lächeln schenkst.
Mit kleinen fröhlichen Hüpfern
schlüpft es in mich hinein,
um sich in mir auszubreiten,
etwas oberhalb des Nabels,
von wo aus es immer noch hüpfend
über Augen und Mund nach außen springt.
Doch da bist du längst
weitergegangen.

Sturm

Sturm über neben in mir
zwingt alles und jeden zum Tanz.
Schmerzvolles Bewegtwerden.
Selbst die Sonne krallt sich am Himmel fest.
Farbfetziger Wind wirft Blüten und Zweige,
tritt der Weide ins Kreuz,
die vor Schreck und Schmerz sich krümmt,
in die Knie geht
wie ich
manchmal
fast.
Äußere Stürme,
innere Stürme,
Sturm des Lebens,
Sehnsucht nach Ruhe.

Nimm's leicht

Wenn zu viel Schwere ins Leben schleicht,
wenn jeder Frohsinn der Trübsal weicht,
lass es nicht geschehen.
Versuche das Schöne zu sehen,
bevor zu viel Lebenszeit verstreicht.
Nimm's leicht.

Einsamkeit

Tausend Gesichter um mich her
überall Körper
Hände
Beine.
Gerenne
Geflüster
Gegrabsche
Gegreine.
Sie reden
schauen
schnuppern
horchen
fallen einander um die Hälse.

Keiner berührt mich.
Keiner sieht mich an.
Niemand hört was ich sage.
Einsam verbringe ich meine Tage.

Haus der Geborgenheit

Der Zeit entfliehen,
Vergänglichkeit vergessen,
Wind, Kälte und Gewitter draußen lassen,
mit Wärme sich umhüllen,
sich geborgen fühlen.
Ob du das Haus betrittst und wann du es verlässt,
entscheidest du allein.
Offen steht die Tür
und jederzeit soll Rückkehr möglich sein.

Wohlbehagen

Einander umfassen,
im Anlehnen Halt geben,
sich von der Sonne wärmen lassen,
Harmonie erleben,
Gemütlichkeit,
Zufriedenheit,
in Wohlbehagen schweben.

Das alte Schiff

Manch alter Gegenstand
      dient nicht mehr seinem Zweck
und viel zu schnell wirft man ihn einfach weg.
Seit Jahren ruht das Schiff an Land.
Seitdem so manch ein Wassertier dort Wohnung fand,
manch kleines Fischchen konnte sich verstecken,
verdeckt von Muscheln und von Wasserschnecken
und manchem schenkt das Wrack Erinnerung.
Was alt ist, war vor Jahren einmal jung.

Gelassenheit

Schon Platon rühmte die Gelassenheit,
verwandt dem Gleichmut, der Bedachtsamkeit.
Die kleine Wolke macht doch erst den Himmel schön
und Schatten kann nur durch das Licht entsteh'n,
der Stein am Sandstrand
lässt erst dessen Weichheit spüren.
Zu schnell kann uns Bewertung in die Irre führen.

Staunen

Die Seele angefüllt mit Staunen
lässt mich das wahrhaft Schöne erst erkennen.
Spüren kann ich mich in allen Fasern meines Ichs.
Ich winzig kleiner Teil des großen Ganzen
betrachte voll Respekt das Wunderbare.

Einsame Hütte

Hoffnungsgewiss Begegnungen erwarten,
Hoffnung birgt Freude.
Der Baum schenkt Schatten,
die Hütte hält den Regen fern,
der Wandrer hofft auf Schutz,
die Gebenden auf Schutzbedürftigkeit.

Albtraum

Menschenmassen
bunte Figuren
ohne Konturen
gesichterlos
zusammengepfercht auf engstem Raum
und doch verlassen
ruhelos
lädierte Nerven…

Nur wer sich aus der Menge löst
kann Schatten werfen.

Erleichterung

Von der Last befreit,
beschädigt zwar,
doch endlich frei,
Mühen überwunden,
seinen Platz gefunden.
Erst wenn die Schwere fehlt,
ist Raum für Leichtigkeit.

Altersweisheit

Lange Zeit verborgen
hinter der Maske
selbstgefertigt
in jahrelanger Kleinstarbeit.
Keiner sollte sie erkennen
niemand ihren Namen nennen.
Nun braucht sie keine Tarnung mehr
ließ die Irrtümer hinter sich.
Verwirrungen
Enttäuschungen
ausgeträumte Träume
Platz für neue Räume
Weisheit
Gelassenheit
auch gelegentliche Einsamkeit
doch keine Falschheit mehr.

Guter Rat

Kopflos sind wir oft in jungen Jahren,
hilflos und ratlos die Arme erhoben.
Wir weinen, verzweifeln, sind wütend und toben.
Doch manch eine Sorge kannst du dir sparen.
Meist gibt's eine Lösung, das Leben geht weiter,
wir werden gelassener, älter, gescheiter.

98

Die alte Tür

Verschlossen ist die alte Tür.
Wohnt noch jemand hinter ihr?
Voller Neugier bleib ich stehen.
Durchs Schlüsselloch kann ich nur Schwärze sehen.
Verwundeter Sandstein zu beiden Seiten,
Schlösser aus unterschiedlichen Zeiten,
Muster von Schlüsseln ins Holz graviert,
seit Neuestem leider graffitibeschmiert.
Viel könnte sie sagen, würde sie leben.
Muss mich mit Fantasie zufrieden geben.

Schlosspark-Kuckuck

Ein Kuckuck schreit
im Garten hinterm alten Mauertor.
„Kuckuck, sag, wie lang noch werd' ich leben?"
Wie viele Menschen hörten deine Ahnen hier zuvor?
Wie viele wird es nach dir hier noch geben?
Schon seit Jahrhunderten
durchstreifen sie des Parkes Ecken
mit seinen großen Wiesen,
seinen langen Wegesstrecken,
wo Schmetterlinge, Käfer, Bienen, Meisen wohnen
und Eichhörnchen in alten Baumeskronen,
darunter sich Verliebte in Verstecken necken.

Der Bettler

Ich sehe dich
fast täglich
auf meinem Weg zur Arbeit.
Aufrecht stehst du
gelernt ist gelernt
eine Hand hält die gürtellose Hose
die andere hängt schlapp
am nacktem Oberkörper herab
minus vier Grad
die Kälte zu groß um zu zittern
noch Reste von Sanftheit im trostlosen Blick
Füße ebenfalls nackt
in schmutzigem Verband.
Wer bist du?
Hat dich mal eine geliebt?
Hat dich mal eine gekannt?

Nur dann

Wenn ich akzeptiere
wie du bist
und du mich nimmst
wie ich bin
können wir Freundinnen sein.
Doch nur dann.

Komm

Du würgst an den Worten
die aus dir wollen
Geburtswehen ohne Erlösung
die Scham ist zu groß
das Vertrauen nicht groß genug.
Ich nehme dich in den Arm.
Nun
wenigstens
kommen Tränen.

Weiße Tauben

Zwei Tauben fliegen himmelwärts.
Hoffnung heißt eine,
die andere Frieden.
Man sieht sie seit Jahren die Länder durchstreichen.
Wann werden sie endlich ihr Ziel erreichen?
„Wir werden den Ölzweig schon finden", sagt Frieden
und Hoffnung blutet das Taubenherz.

KINDHEIT

Sicher durch die Nacht

Großmutter sang
Urgroßmutter erzählte
Geschichten
an meinem Bett
webte sich beides
zum fliegenden Teppich aus Träumen
der mich sicher durch die Nacht trug.

Erwachsenwerden

Lange trug ich das Kleid
das Mutter mir strickte
und das kratzte
und nicht mit mir wuchs.

Heimlich trug ich die Brille
die Vater zerschlug
und die ich wieder flickte
um besser zu sehen.

Heute trage ich Kleider, die mir passen
und Brillen, die mir stehen.

Musik

Großvater saß
am Flügel
improvisierte
selbstvergessen
verlor er sich in Pianogesängen.

Ich saß
unterm Flügel
lauschte
unentdeckt
den wundersamen Klängen.

Der Krüppel

Als Kind habe ich Onkel Walter gekannt.
Klein war er, merkwürdig verschoben.
Schützend hat er seine Arme erhoben –
fast hätten die Russen Tante Grete genommen.
Der Vergewaltigung ist die Grete entkommen,
ihr Walter konnte die Russen verjagen,
vorher haben sie ihn zum Krüppel geschlagen.

Als Kind konnte ich nicht alles verstehen,
doch habe ich die große Liebe gesehen,
die beide bis zum Tod verband.

Kinderspaß

Spielen
am Ende der Straße
auf dem Kohleberg
dessen Geruch uns gefiel
daneben
des Hängers spiegelglatte Fläche
noch in der Schräge
auf der wir rutschten
mit rußgekitzelten Nasen
und schmutzig werdenden Röcken
mitten in die Briketts hinein
immer wieder
bis man uns verjagte
vom Kohleberg
am Ende der Straße
dann rannten wir
und entblößten beim Lachen
rußgeschwärzte Zähne.

Der Schuster

Oft durfte ich Omas Schuhe holen,
die sie zum Besohlen
zum Schuster gegeben.
Der hatte seine Werkstatt
im Keller
im Haus nebenan.

Ich bewunderte den Schustermeister
und liebte den Duft von Leder und Kleister
liebte die Düsternis
in seiner Werkstatt
im Keller
im Haus nebenan.

Manchmal blieb ich sehr lange dort stehen,
durfte ihm über die Schulter sehen
bis er mich fast vergaß
dort in seiner Werkstatt
im Keller
im Haus nebenan.

Später sammelte ich Würmer im Glas
warf sie für des Schusters Hühner zum Fraß
über den Gartenzaun
aus Dankbarkeit für die Stunden in der Werkstatt
im Keller
im Haus nebenan.

Industrieschnee

Der Schnee meiner Kindheit war grau.
Schon beim Herabschweben
blieb Schmutz an ihm kleben.

So manche Schneeballschlacht
hat Ärger gebracht,
weil Frischgewasch'nes
schwarzgefleckt nach Hause kam,
was Mutter persönlich nahm.

Beim Rodeln auf Schlossparkwegen,
als der Schnee schon lange gelegen,
wurden unsere Spuren heller,
während wir immer schneller
ins Tal hinunter rasten.

Wenn der Schnee dann taute,
blieben schwarze Klumpen
am Wegesrand zurück,
die wir lachend vor Glück
mit den Stiefeln zertraten.

Erst viel später war der Schnee weiß.
Da waren wir längst keine Kinder mehr.
Da war ich längst eine Frau.
Erst da war der Schnee nicht mehr grau.

Ein Kinderlied

Tausend pralle Regentropfen
tanzen lustig, hüpfen, klopfen
prasselnd auf das Fensterbrett.
Durch beschlagene Fensterscheiben
schau ich zu dem bunten Treiben,
schau aufs Regen-Herbst-Ballett.
Meine Oma sitzt daneben
und erzählt aus ihrem Leben.

Fleißig mal ich mit dem Finger
auf die Fensterscheiben Dinger,
lass der Fantasie den Lauf.
Blumen, Schlösser und Gespenster
male ich auf alle Fenster
und der Regen hört nicht auf.
Oma strickt mir einen Schal
und sagt ein ums andre Mal:
„Dieser spätherbstliche Regen
ist für die Natur ein Segen.

LIMERICKS

Winter

Ein Mann wollte Kohlmeisen füttern
und kam ganz gewaltig ins Schlittern.
Dies Eis so glatt,
er hatte es satt.
Vor Wut fing er stark an zu zittern.

Amseln

Es war eine Amsel im Garten,
die tat ihren Liebsten erwarten.
Ihr Liebesgeschrei
verschönte den Mai.
Nun piepsen im Nest ihre Zarten.

Ostseeufer im Winter

Die Muscheln am Strand von der Ostsee
betrachte ich, als ich im Frost steh.
Der Tang schneebestückt
mein Auge entzückt.
Ob ich auch 'ne Flasche mit Post seh?

Zweckentfremdung

War ein Kochherd aus uralten Zeiten.
Konnte heizen und Essen bereiten.
Nun dient er als Möbel
für allerlei Trödel.
Über Zweckmäßigkeit lässt sich streiten.

Arme Ente

Es war eine Ente im Wald,
die wollte ein Weibchen recht bald.
Sie tat lange suchen
Im Schatten der Buchen.
Am Abend, da wurde ihr kalt.

Tapfer

Es war eine winzige Pflanze
mit Blättern von grellgrünem Glanze.
Sie war so allein
in all dem Gestein
und sah nur im Wachsen die Chance.

Altes Schaukelpferd

Es war einst ein Pferdchen aus Eisen.
Das diente dem Kinde zum Reisen.
Das Kind wurde groß,
vergaß dieses Ross.
Nun rostet sein lackloses Eisen.

Traktoren-Limerick

Saß einst auf dem Traktor ein Bauer,
der mähte das Feld mit Ausdauer.
Er schaffte es fast,
dann machte er Rast,
trank erstmal ein Bier. Fand es schlauer.

Klohäuschen an der Strandpromenade

Es war da ein Häuschen bei Ahlbeck,
stünd's nicht dort, dann wär dort ein Kahlfleck.
Im Sommer lädt es ein,
sich wohlig zu befrei'n.
Im Winter fällt leider die Wahl weg.

Ruine

Es war einst ein prächtiges Häuschen in Polen
aus Fachwerk mit kräftigen Balken und Bohlen.
In diesem Jahrhundert
wird's nicht mehr bewundert.
Vermutlich wird zeitnah der Abriss befohlen.

Inhaltsverzeichnis

Jahreszeiten 7
Neujahr 8
Gedanken zum neuen Jahr 9
Winter 9
Neugier 10
Bilder aus Eis 10
Spuren 12
Frühlingserwachen 14
Kirschblütensonett 15
Mai 16
Mit allen Sinnen 18
Im Frühjahr 18
Juni 19
Sommerzeit 19
Juli 20
Im See 22
Im Bach 22
Bauer und Korn 23
Bunte Blätter 23
September 24
Zufriedenheit 25
Vor der Fensterscheibe 25
Gold, Silber, Bronze 26
Herbst 26
Zugvogelzeit 28
Herbstzeitfreude 28
Oktober 29
November 30
Nebel 31
Danach 31

Im Winter 32
Das Versäumnis 33
Dunkelheit 34
Dezember 35
Warme Stube 35
Wandlung 36
Die leisen Töne sind es 37

Natur 39
Scilla 40
Tulpen im April 41
Natternkopf 42
Marzipanblume 44
Vorsicht 45
Kuckuck 45
Frosch-Rondeau 46
Die Schnecke 46
Nach dem Regen 47
Barfuß 47
Voll Rührung 48
Glühwürmchenhochzeit 48
Abend 49

Bäume 51
Winterbäume 52
Tannentanz 52
Espen-Madrigal 53
Die einsame Pappel 53
Baum im Sturm 54
Trauerweide 54
Gespensterwald 56
Baumes Ende 56

Hiddensee   59
  Die Inselkirche   60
  Magerrasen auf Bessin   61
  Süderleuchtturm auf Gellen   62
  Wegwarte   64
  Sonnenuntergang auf Hiddensee   65

Liebe   67
  Als ich dich fand   68
  Als ich dich traf   69
  Du und ich   69
  Wolke sieben rosarot   71
  Versuch   71
  Spiel der Liebe   72
  Kassiopi   72
  Dassia   73
  Wünsche   73
  Lieber so   74
  Mehr   74
  Winterstrand   75
  Am See   76
  Vergissmeinnicht   77
  Allein   78
  In der Ferne   78
  Am Flughafen   80
  Der zerbrochene Spiegel   81
  Die Schöne und das Biest   82
  Die arme Störchin   82

Leben   85
  Drei Weiden   86
  Aufforderung   86

Leben	87
Nacht	87
Ein Moment	89
Sturm	90
Einsamkeit	91
Haus der Geborgenheit	92
Wohlbehagen	92
Das alte Schiff	93
Gelassenheit	94
Staunen	94
Einsame Hütte	94
Albtraum	96
Erleichterung	96
Altersweisheit	97
Guter Rat	97
Die alte Tür	99
Schlosspark-Kuckuck	99
Der Bettler	100
Komm	101
Weiße Tauben	101
Kindheit	103
Sicher durch die Nacht	104
Erwachsenwerden	104
Musik	105
Der Krüppel	105
Kinderspaß	106
Der Schuster	107
Industrieschnee	108
Ein Kinderlied	109

Limericks   111
    Winter   112
    Amseln   112
    Ostseeufer im Winter   112
    Zweckentfremdung   113
    Arme Ente   113
    Tapfer   113
    Altes Schaukelpferd   114
    Traktoren-Limerick   114
    Klohäuschen an der Strandpromenade 114
    Ruine   115